ASSOCIATION PROFESSIONNELLE
DES ÉCRIVAINS
MILITAIRES, MARITIMES et COLONIAUX

La Politique Coloniale Française

DEPUIS 1880

Rapport fait par M. LE MYRE DE VILERS

PARIS

PUBLICATIONS DE LA *NOUVELLE REVUE*

80, RUE TAITBOUT, 80

1913

La Politique Coloniale Française

DEPUIS 1830

ASSOCIATION PROFESSIONNELLE
DES ÉCRIVAINS
MILITAIRES, MARITIMES ET COLONIAUX

La Politique Coloniale Française
DEPUIS 1830

Rapport fait par M. LE MYRE DE VILERS

PARIS

PUBLICATIONS DE LA *NOUVELLE REVUE*

80, RUE TAITBOUT, 80

1913

La Politique Coloniale Française

DEPUIS 1830

L'administration coloniale, jusqu'en 1830, s'attacha à pénétrer l'âme des indigènes et à les associer à nos entreprises. Ainsi que l'écrit M. Hanotaux dans son article du 15 février dernier : « la conquête accompagna la découverte ; « mais ce qu'elle eût de remarquable, c'est qu'au Canada du « moins, elle se fit du consentement des populations locales ; « la lutte ne fut sanglante qu'avec les ennemis de nos propres « sauvages. Inutile de rappeler l'union indissoluble qui « exista, de tous temps, entre les Français et les indigènes « voisins de leurs établissements ; cette union remonte à la « première expédition de Champlain, tout ce qui dépendait « de la France fut rapidement français. Les sauvages alliés « combattirent partout près des soldats et des colons. Ils « reconnaissaient comme leur maître les souverains d'outre- « mer ; ils se mirent à l'école des missionnaires, jusqu'à « payer leur fidélité de leur ruine...

« ...La colonisation française sut ménager les habitants du « Canada et se glisser en quelque sorte, sans coup férir, au « milieu d'eux. Ce don n'est plus guère contesté à notre « race... »

Même dans les colonies serviles, les esclaves étaient généralement traités avec humanité ; beaucoup d'entre eux faisaient partie intégrante de la famille dont ils portaient souvent le nom et usurpaient parfois les titres. L'Edit de 1876, rendu sur la proposition de Turgot, alors ministre de la Marine, ne fut rendu que pour supprimer ce dernier abus.

Administrateurs et colons avaient compris que pour s'associer et s'attacher les indigènes il était nécessaire de parler le même langage ; aussi leur avaient-ils appris le français.

Les résultats ont prouvé que cette méthode était excellente.

Cent cinquante ans après la cession du Bas-Canada à la Grande-Bretagne, ses habitants n'ont pas oublié que la plupart d'entre eux étaient d'origine et de civilisation française . ils se réclament encore du *Vieux Pays ;* tous parlent notre langue ; très peu comprennent l'anglais.

Bien que la Louisiane soit submergée par les Américains et les nègres, la culture intellectuelle y est encore française, un siècle après l'abandon aux Etats-Unis.

Saint-Domingue, devenue indépendante, et les Petites Antilles, passées sous le sceptre britannique, parlent exclusivement le français ; les enfants des familles riches viennent compléter leur éducation dans nos universités.

Mauritius, l'ancienne Ile de France, a fait mieux : les créoles ont appris le français aux nombreux immigrants de l'Inde britannique.

Dans les petites îles de Normandie, Jersey, Guernesey, Aurigny qui en 1100 suivirent la nationalité de leur Grand Duc, Henri dit Beauclerc, devenu roi d'Angleterre, les habitants des campagnes parlent encore exclusivement le Français.

. Si nous exerçons une influence prépondérante en Syrie et en Asie Mineure, nous le devons en majeure partie à nos maisons d'éducation.

C'est que la parole est le grand rayon vecteur de la pensée humaine ; presque toujours la communauté de langue entraîne la communauté d'idées et de civilisation. Deux collectivités d'hommes qui ne parlent pas la même langue, ne comprennent jamais le patriotisme de la même façon.

Les différentes puissances coloniales l'ont bien compris et se sont efforcées d'apprendre leur langage à leurs nouveaux sujets ; même quand elles ont perdu leur domaine, soit à la suite de guerres malheureuses, soit par des révolutions intérieures, elles retirent encore de grands avantages de la communauté de langue ; après cent soixante ans de séparation, les Etats-Unis d'Amérique, peuplés de quatre-vingt millions d'âmes, ne constituent-ils pas le plus riche marché d'exportation de la Grande Bretagne, la plus fidèle clientèle de ses écrivains et de ses savants ?

Si l'Espagne, malgré la faible densité de sa population, fait encore figure de grande puissance, elle le doit principalement à ses anciennes colonies de l'Amérique du Sud, du Centre Amérique, du Mexique et de Cuba, peuplées de cinquante millions d'habitants qui ont conservé sa langue, sa civilisation, ses traditions.

Le portugais serait depuis longtemps réduit à l'état de simple idiome ou de langue morte, si le Brésil, peuplé de seize millions d'habitants, les colonies d'Angola et de Mozambique, ainsi que les Eurasiens de la presqu'île Malaise n'avaient pas conservé la langue et la mentalité de leurs ancêtres communs.

Partout où Rome a établi sa domination, la langue et les institutions sont restées de forme latine.

Le premier acte des conquérants musulmans a toujours été d'imposer leur langue et leur écriture, grâce auxquelles l'Islam exerce encore son influence sur plus de deux cents millions d'êtres humains.

SITUATION DES COLONIES

Ce fut seulement en 1830 que la France abandonna cette doctrine mondiale. La conquête de l'Algérie était laborieuse ; la pacification se faisait lentement ; nos colons restaient confinés dans les villes et leurs petites banlieues ; de toute nécessité il fallut confier à l'autorité militaire les pouvoirs administratifs.

Au début, ce furent les officiers les plus distingués de l'armée qui remplirent ces délicates fonctions. Mais bientôt ils rentrèrent dans leurs régiments où les appelaient leurs goûts et les intérêts de leur carrière ; pour les remplacer, le commandement constitua un corps d'administrateurs militaires : les bureaux arabes. Sous prétexte que la présence des Européens dans les tribus augmentait les responsabilités et créait des difficultés, le territoire indigène leur fut interdit.

Les officiers des bureaux arabes privés ainsi de relations

avec leurs camarades et leurs compatriotes, investis d'une
autorité souveraine, sans direction et sans contrôle, concen-
trant tous les pouvoirs entre leurs mains, vivant dans un
milieu inférieur et corrompu, ne tardèrent pas, c'était fatal,
à se démoraliser. Ce furent eux qui inventèrent le Royaume
Arabe.

Soit involontairement, par ignorance, incapacité ou incu-
rie, soit systématiquement, les écoles furent fermées et les
indigènes se trouvèrent privés de toute instruction.

Dans son rapport sur l'instruction publique (Exposition uni-
verselle de 1878), M. de Salve, Recteur de l'Académie, s'ex-
prime en ces termes :

L'Instruction primaire était plus répandue en Algérie, sous la
domination turque, qu'on ne le croit généralement. A côté de
chaque mosquée ou de chaque Lieu Saint, se trouvait une école
connue sous le nom de Zaouïa, Mécid ou Dérer, entretenue aux
frais de la Mosquée ou par des fondations pieuses et dans lesquelles les enfants apprenaient, de 6 à 15 ans, la lecture et l'écriture
arabe et quelquefois le droit coutumier.

L'enseignement supérieur était donné dans les Medraça ; plus
de 3.000 jeunes gens les fréquentaient.

Il est regrettable que l'Administration française n'ait pu, dès
l'origine, protéger et conserver ces établissements de divers ordres,
répandus en si grand nombre sur le territoire. A l'aide de mesures
et d'encouragements convenables, elle serait parvenue peu à peu
à les améliorer et à y introduire ses méthodes et son esprit, et à
s'assurer ainsi une influence efficace dans les tribus les plus éloi-
gnées.

Peu d'années après notre occupation du pays, les immeubles
appartenant aux mosquées ont été réunis au Domaine de l'Etat et
leurs revenus en argent sont tombés dans le trésor public ; la plupart des établissements d'instruction se sont dès lors fermés faute
de ressources : un recensement effectué il y a quelques années ne
porte pas à moins de 2.000 le nombre des Zaouïas, Mécid et Dérers
qui ont survécu cependant et évalue à 28.000 étudiants environ
leur population ; on peut juger par là de l'ancienne importance de
ces établissements... L'autorité militaire surveille les écoles indigènes qui existent encore ; mais elle n'intervient, ni dans leur direction, ni dans l'enseignement tout arabe qui s'y donne.

Les écoles françaises pour les indigènes datent seulement de
1850. Elles contiennent actuellement 1.573 garçons et 176 filles
arabes, et un pareil résultat obtenu sur une population de 2.500.000
âmes est tout à fait insuffisant.

En 1878, sur l'initiative de M. de Salve, un projet de loi rendant obligatoire la création d'écoles indigènes gratuites, fut approuvé par le Conseil Supérieur du Gouvernement, mais ne fut pas voté par le Parlement.

Ne voulant pas faire de personnalités, nous n'insisterons pas sur les améliorations qui ont été depuis apportées au Service de l'enseignement indigène ; à peu près toutes les ressources disponibles ont été attribuées à l'enseignement supérieur, secondaire et primaire des Européens.

Au point de vue économique et fiscal, la situation n'est pas meilleure. Non seulement les terres cultivées par les Européens sont affranchies de l'impôt foncier, mais encore celles qu'ils possèdent et qu'ils font cultiver par des Krammes dispensés du paiement des impôts arabes. Nous avons ainsi reconstitué les Latifondia.

Par contre, les indigènes sont accablés d'impôts, contraires à la production de la richesse. Achour et Zezka, et supportent de nombreux centimes additionnels pour assurer dans les communes mixtes le fonctionnement des services publics européens.

Bien que depuis quarante ans, la population indigène se soit accrue d'environ 60 %, de deux millions et demi à quatre millions, la propriété arabe a sensiblement diminué par suite du séquestre prononcé pour troubles ou incendies forestiers, d'achats par l'administration ou les Européens de domaines et de l'application de la loi de 1873 sur la propriété individuelle ; tout le monde sait que la licitation des douars a donné lieu à de scandaleux abus commis par les bandes noires.

Il est vrai que pour donner à notre administration un caractère d'équité et de libéralisme, les indigènes ont été appelés à se faire représenter dans les conseils municipaux et généraux, ainsi que dans la délégation financière. (Décrets du 27 décembre 1866, du 11 juin 1870).

Mais quelle est la composition de ces collèges électoraux?

En tous cas, seuls sont appelés, les propriétaires fonciers et les fermiers indigènes, peu nombreux en Algérie, les agents de l'Administration en activité ou en retraite, les tirailleurs retraités, tous gaillards habiles à faire suer le burnous. En réalité, ces électeurs votent selon l'indication de l'administration. C'est comme beaucoup d'autres dispositions de la législation algérienne, une fiction ; la lettre d'un sous-préfet que nous reproduisons le prouve surabondamment :

M. le Préfet, à qui j'ai adressé, sur sa demande, un rapport sur les personnalités indigènes dont la candidature aux Délégations financières pourrait être accueillie favorablement, non seulement des électeurs indigènes, mais encore de l'Administration préfectorale, me fait connaître qu'il a agréé comme candidat à la première circonscription (Mascara-Mostaganem) Harrag ben Kritly.

Harrag ben Kritly, que j'avais proposé à M. le Préfet est adjoint indigène de Mostaganem et conseiller municipal de cette ville.

Chevalier de la Légion d'honneur, Officier d'Académie, fils de caïd, Ben Kritly pourra, par l'influence qu'il a su acquérir, représenter dignement ses coreligionnaires au sein de cette nouvelle Assemblée.

Je vous prie, en conséquence, d'agir très discrètement en même temps que très énergiquement, et lorsque vous jugerez le moment opportun, auprès des adjoints indigènes qui *devront*, afin d'éviter un éparpillement inutile des votes, déposer *tous*, le 4 décembre prochain, un bulletin au nom de Ben Kritly.

Ce dernier fera imprimer et adressera à son représentant dans chaque commune, pour être remis aux électeurs, des bulletins de vote à son nom. Par la dimension du papier et sa trame, il vous sera loisible de vous assurer si vos instructions auront été écoutées.

Il est bien entendu que les précédentes indications qui vous sont données sur la demande de M. le Préfet, doivent revêtir à vos yeux un caractère essentiellement personnel et confidentiel, et que vous ne devrez, en aucun cas, faire connaître qu'une candidature officielle existe.

Il sera même prudent, tout en affectant une certaine réserve mêlée d'une indifférence apparente, de recevoir avec une égale courtoisie tous les candidats qui pourraient vous rendre visite. Avec Ben Kritly seul vous pourrez cependant vous dégager de cette réserve qui l'étonnerait sans doute.

Veuillez m'accuser réception de la présente lettre et me tenir, le cas échéant, au courant des incidents qui pourraient se produire.

Le Sous-Préfet (*).

La substitution du régime civil à celui du commandement, quoique excellente en principe, n'a pas produit l'effet qu'on en attendait. Certes, les administrateurs sont dans l'ensemble animés de l'esprit d'équité envers les natifs, mais ils ont hérité

(*) Bulletin des Etudes algériennes, 1912.

des traditions des bureaux arabes en matière d'autorité et n'ont pas, comme leurs prédécesseurs, une bienveillance constante pour leurs sujets. Le voulussent-ils qu'ils ne le pourraient pas ; n'ont-ils pas à compter avec les députés, les sénateurs, les conseillers généraux, la presse, disposés à soutenir leurs électeurs ou leurs lecteurs contre l'indigène considéré comme un adversaire taillable et corvéable à merci ?

Nous ne méconnaissons pas le magnifique essor donné à notre colonie par les gouverneurs civils, particulièrement depuis l'autonomie financière. Mais il faut bien reconnaître que, tandis que l'Européen s'enrichit, l'Arabe s'appauvrit ; les deux races ne se comprennent et ne se pénètrent pas ; le fossé qui les sépare se creuse chaque jour de plus en plus. S'il survenait un cataclysme, auquel une grande puissance militaire est toujours exposée, l'Algérie serait en péril.

C'est là un danger auquel il faut remédier en modifiant notre politique indigène.

*
* *

Quand nos troupes noires eurent chassé ou détruit les ban des esclavagistes qui occupaient le Soudan Français, nous nous trouvâmes maîtres de vastes régions sans organisation sociale, sans nationalité, sans administration, sans culture intellectuelle, même sans écriture. Jamais terrain ne fut plus apte à recevoir notre empreinte ; la langue et l'écriture françaises devaient servir de lien entre les différentes tribus qui, chacune, parlent un idiome différent.

Malheureusement, nos officiers dont quelques-uns savaient un peu d'arabe, fort inexpérimentés en matière d'administration et de gouvernement, eurent la fâcheuse idée de faire appel aux anciens serviteurs, déjà islamisés, des marchands d'esclaves qui devinrent leurs intermédiaires et leurs agents d'exécution près des populations sur lesquelles ils exerçaient depuis longtemps leur effroyable tyrannie ; au lieu d'affranchir nos nouveaux sujets, nous les replaçâmes sous le joug de leurs persécuteurs, auxquels les services publics furent confiés ; ils distribuèrent la justice au nom de Mahomet, perçurent l'impôt, ouvrirent plus de 2.000 écoles coraniques et des

Mederça. L'arabe devint la langue officielle de l'Administration française.

Nous avions Islamisé notre conquête !

Pour justifier cette politique sans précédent dans l'histoire des puissances coloniales, quelques théoriciens ont été jusqu'à déclarer dogmatiquement que le mahométisme était la seule religion qui convenait aux indigènes du continent noir ; l'interdiction de l'usage des boissons fermentées leur semblait le summum de la sagesse divine et humaine. Certes, l'alcolisme est une plaie sociale, mais il existe d'autres moyens de le combattre que de condamner les nations soumises à se convertir à l'Islamisme et à se confiner dans une civilisation inférieure, ennemie du progrès.

Cette funeste doctrine a eu ses défenseurs convaincus dans l'administration coloniale et même au Pavillon de Flore. Aussi est-ce avec gratitude que les personnes qui s'intéressent aux indigènes et au succès de notre expansion ont appris que M. W. Ponty, gouverneur de l'Afrique Occidentale et les Lieutenants Gouverneurs du Soudan, M. Clozel, et M. Guy, de la Guinée, s'efforcent de réparer l'erreur commise. Déjà le français a été déclaré la seule langue officielle ; tous les actes publics doivent être rédigés en notre langue et les lettres écrites en arabe sont renvoyées aux expéditeurs. Espérons que ces fonctionnaires expérimentés mèneront à bonne fin cette œuvre patriotique d'où dépend l'avenir de nos possessions africaines. Mais la tâche sera lourde et coûteuse, car il faudra créer de nombreuses écoles et le personnel manque encore.

*
* *

Pour se rendre compte des graves difficultés que nous rencontrâmes dans la création en pays jaune de la première, et jusqu'ici de la seule colonie européenne, il est nécessaire de connaître, au moins sommairement, les institutions de l'Empire chinois. Elles sont d'ordre intellectuel et reposent presque exclusivement sur l'étude des caractères idéographiques. Le gouvernement impérial laisse à ses sujets et aux Etats fédérés ou vassaux, une entière liberté pour le langage, mais leur impose l'emploi exclusif des caractères idéographiques de la langue mandarine. D'où la nécessité de constituer dans chaque région un corps de lettrés, maîtres de la plume ou plutôt du pinceau ; sorte de caste nobiliaire de l'intelligence, dans laquelle se recrutent tous les fonctionnaires hiérarchisés d'après le degré de leur examen. Ces lettrés sont d'une culture exclusivement chinoise puisqu'il n'existe pas dans leur pays d'origine et d'habitat d'autres livres que ceux écrits en langue mandarine.

Le seul organe administratif est le village, sorte de petite république oligarchique, composée de citoyens actifs et de serfs attachés soit à la glèbe, soit à un corps de métier, investie des pouvoirs les plus étendus en matière d'administration, de finances, de police, de justice, d'instruction et de travaux publics. Une grande ville comme Canton n'est que la justaposition de milliers de villages indépendants les uns des autres qui s'isolent pendant la nuit au moyen de chaînes tendues au crépuscule et retirées à l'aurore. Ces petites républiques, continuellement en contestations avec leurs voisines pour le réglement de querelles locales, ne sauraient s'entendre sur des questions d'intérêt général.

Il n'existe pas d'autre collectivité, conseils de canton, d'arrondissement, de département, de province, ayant une existence légale et possédant la personnalité civile. C'est ce qui explique le grand nombre des sociétés secrètes.

La liaison entre les villages et la Cour est établie par des fonctionnaires, mandarins et lettrés, investis de pouvoirs étendus, fort mal rétribués et se dédommageant largement par des exactions sur les populations. C'est une administration simpliste et à bon marché, qui coûte fort cher aux contribuables.

Aucun clergé n'est rémunéré ; la religion se réduit au culte familial des ancêtres et n'a d'autre enseignement moral que la philosophie de Confucius.

Ce gouvernement qui régit 450 millions d'êtres humains, remonte à 40 siècles ; il aurait duré indéfiniment sans le percement de l'isthme de Suez qui, en abaissant le prix des transports, a permis la pénétration de l'extrême Orient par la civilisation européenne. Jusqu'à ces dernières années, la Chine était restée le pays de la stabilité, de l'immobilité et de la routine.

Peu à peu, les États vassaux, Indo-Chine, Corée, Thibet, Mandchourie, Mongolie, Turkestan, détendirent les liens qui les attachaient à la Cour de Pékin ; ils se contentèrent d'envoyer tous les trois ou quatre ans une ambassade chargée de protester de leur dévouement et d'offrir à l'empereur des cadeaux de mince valeur.

Telle était la situation de l'Indo-Chine lorsque nous débarquâmes à Saïgon — 17 février 1859. L'expédition ayant été en quelque sorte improvisée, nous ne possédions pas de renseignements ; aucun programme n'avait été arrêté ; nous ne disposions même pas d'un interprète et nous dûmes nous adresser aux missions catholiques qui mirent à notre service quelques Pères et des Catéchistes. Pendant plusieurs années, le latin de cuisine et de sacristie fut la langue usuelle de l'Administration.

En raison de l'organisation politique du pays et du manque de centralisation, la pacification ne pouvait qu'être fort lente à s'établir ; en réalité, nous n'étions maîtres que des villages effectivement occupés. D'autre part, les changements fréquents du commandant en chef, cinq du 17 février 1859 au 7 février 1861, soit une durée moyenne de présence de 5 mois pour chacun d'eux, ne permettaient pas de donner à notre occupation une organisation stable et résolue. L'amiral Bonard (7 août 1861 au 1er mai 1863) fut le premier qui put fonder des institutions ; imbu des idées anglaises, ainsi que le ministre des Colonies, le marquis de Chasseloup-Laubat, il choisit pour modèle l'Inde Britannique ; c'était une erreur. L'Inde est un pays de féodalité, peuplé de races diverses, hostiles les unes aux autres, pratiquant des religions différentes et rivales : brahmanisme, boudhisme, islamisme. Il est donc facile, en opposant les races et les religions les unes aux autres, d'établir sa domination sans avoir recours à de forts contingents européens.

En Indo-Chine, pays de collectivisme oligarchiste, divisé en une infinité de petites communautés indépendantes, pratiquant la même religion, parlant la même langue, l'Administration directe est inévitable.

D'autre part, le personnel des deux grandes puissances coloniales possède des qualités et des défauts complètement opposés. L'Anglais, rempli de morgue, d'un sang-froid imperturbable, d'une grande *respactability*, ne descendant jamais à des familiarités avec les indigènes, tenu par le respect humain à ne pas fréquenter les « natives », sait se faire respecter et se faire obéir. Le Français, au contraire, d'un caractère facile, aimant à plaisanter, imbu par son éducation des principes de Jean-Jacques sur l'égalité des hommes, traite nos sujets en amis, puis se laissant emporter par la mauvaise humeur ou la colère, abuse de son autorité. Ajoutons que presque tous nos agents vivent en concubinage avec des femmes indigènes.

Autre considération plus puissante encore, la France a la prétention, rarement remplie du reste, d'élever le niveau moral des indigènes, de les faire profiter des progrès de notre civilisation. L'Angleterre se propose exclusivement de réaliser une bonne affaire ; tant pis si les sujets en pâtissent. L'Inde n'a été pour la Grande Bretagne, sous l'administration de la Grande Compagnie Fermière comme sous l'autorité royale, qu'une vaste colonie d'exploitation qui lui a procuré d'énormes profits. Elle a pu ainsi résoudre un des plus graves problèmes politiques de la monarchie. Les cadets de grandes familles, au lieu d'être comme ceux de la France sous l'ancien régime, réduits à la portion congrue, et de devenir des adversaires du pouvoir, sont envoyés aux Indes, où ils touchent de gros salaires ; à leur retour dans la mère patrie, pourvus d'une retraite élevée, habitués à représenter le souverain, ils sont des loyalistes convaincus ; souvent le frère d'un lord whig est un tory affirmé.

En dehors de ces considérations, le traité du 11 juin 1862 qui reconnaissait notre souveraineté sur les provinces du Bien-Hoa, Gia-Dinh et Mytho, rendit inexécutable le programme Chasseloup-Laubat, Bonard ; tous les délégués royaux rentrèrent à Hué et nous nous trouvâmes dans l'obligation d'administrer directement 2.400 villages sans aucun cadre. Aussi l'amiral de la Grandière s'empressa-t-il de créer un corps d'administrateurs des affaires indigènes, investis de tous les pouvoirs comme leurs collègues d'Algérie.

Grâce au quoc-ngu, traduction de l'annamite parlé en caractères syllabiques latins, inventé et importé en Cochinchine par les jésuites de Penang, beaucoup de nos agents apprirent la langue, deux d'entre eux seulement purent acquérir une connaissance suffisante des caractères idéographiques, c'est-à-dire qu'ils durent, pour correspondre avec les villages, avoir recours à d'anciens lettrés de dernière classe, souvent sans moralité, qui dénaturaient leurs pensées. Quand le gouverneur voulait adresser une communication aux indigènes, il en remettait la copie à l'interprète européen qui la traduisait en quoc-ngu et la lisait au lettré chargé de la traduire en caractères idéographiques. Alors intervenait l'imprimeur qui gravait en relief sur bois, sans corrections possibles.

On pourrait croire que les administrateurs de Cochinchine, pour sortir de cette situation périlleuse, auraient encouragé la vulgarisation du quoc-ngu ; il n'en fut rien. Désirant conserver leurs pouvoirs excessifs, ils s'attachèrent à isoler les indigènes des Européens. Beaucoup de nos compatriotes, après cinq années de séjour à Saïgon, n'avaient pas encore visité la Vallée du Mé-Kong, distante seulement de 70 kilomètres.

En 1879-1880, le département ayant prescrit d'associer les indigènes à notre administration, de leur assurer une bonne distribution de la justice, d'améliorer leur situation matérielle et morale, de développer la prospérité de la Cochinchine, le chef de la colonie se reconnut hors d'état de remplir ce programme, en raison de l'impossibilité de correspondre avec ses administrés. Il estima que le seul moyen de tourner cette difficulté était de faire appel au concours des natifs. A cet effet il leur adressa une proclamation leur faisant connaître les nouvelles résolutions du Gouvernement de la République, leur promettant de les consulter sur leurs besoins, de diminuer les impôts, de supprimer la grande corvée, d'assurer la navigabilité des arroyos, de construire des routes. Toutes ces transformations, ajoutait-il, nécessiteraient de nombreuses correspondances et comme les Européens ne pouvaient apprendre les caractères idéographiques, il fallait que les Annamites apprissent le quoc-ngu. Cet appel fut entendu et en quinze jours, trois cents écoles furent ouvertes.

Aujourd'hui, les Annamites possèdent l'écriture de leur langue et échappent ainsi à la civilisation chinoise. Beaucoup apprennent le français. Cent jeunes gens environ font leurs études d'enseignement supérieur à Paris, aux frais de leur famille. Dans une période relativement courte, la Cochinchine sera acquise à la civilisation française.

En Annam-Tonkin, l'organisation de début se rapprocha beaucoup du programme tracé par l'amiral Bonard dans ses dépêches de 1861 et de 1862 :

25 février 1861. — Deux systèmes sont en cours d'expérience :

l'un qui consiste dans la substitution des européens aux autorités annamites, l'autre au contraire, qui confie tous les détails de l'administration à des indigènes sous la surveillance de l'autorité française.

27 février 1861. — L'Administration des indigènes sous notre haute autorité est, à mon avis, la seule manière de résoudre le problème. En substituant brusquement, pour les détails de l'administration annamite, un grand nombre d'officiers, pour la plupart ne connaissant pas la langue ni les mœurs du pays, on crée l'anarchie.

Suit à l'appui de cette thèse l'exemple de la province de Gia-Dinh avec des considérations d'ordre politique.

29 mars 1862. — Dans le projet de budget, il est prévu les appointements :

1° D'une administration supérieure dirigeante ;

2° D'une administration annamite chargée de la police et de la justice indigènes.

14 avril 1862. — L'amiral supprime les préfectures et sous-préfectures établies à la première heure et donne aux chefs politiques, des instructions pour restaurer l'administration annamite sous l'autorité française.

27 avril 1862. — Les tribunaux indigènes seront reconstitués et la justice sera rendue d'après les lois du pays.

21 mai 1862. — Les tribunaux et les lois asiatiques, voilà ce qui convient aux indigènes.

31 mai 1862. — L'autorité du commandant en chef sur les populations indigènes s'exerce par les administrateurs indigènes ayant autant que possible les mêmes attributions que dans le Gouvernement royal.

Si en Cochinchine ce régime ne put fonctionner régulièrement, les mandarins s'étant retirés à la Cour de Hué, après la conquête ; en Annam-Tonkin, au contraire, tous les fonctionnaires étaient restés à leur poste et on en augmenta le nombre en rouvrant le concours des lettrés, interrompu pendant la guerre. Investis de larges attributions administratives et judiciaires, maîtres de la plume, ces faméliques exploitèrent les Niaqués avec une rapacité sans précédent, et bientôt il fallut juxtaposer aux autorités indigènes une administration française calquée sur les bureaux arabes d'Algérie, les officiers administrateurs du Soudan et les administrateurs

des affaires indigènes, avec la faculté de déléguer leurs attributions aux mandarins.

Certes, l'outillage économique devait être entrepris, en
proportionnant toutefois les travaux à leur utilité, à leur pro-
ductivité et aux ressources disponibles. Comme on voulait
faire grand et aller vite, on ne s'arrêta pas à ces considérations. Un vaste programme de chemins de fer stratégiques
fut élaboré à la hâte. En y ajoutant la ligne chinoise du
Yunem et celle déjà construite de Langson, la longueur du
réseau atteignait 1.600 kilomètres et devait coûter 400 millions. A l'exécution, la dépense atteignit 500 millions exigeant une annuité de 20 millions, intérêts et amortissement.
Où trouver cette somme ? La guerre avait ruiné la colonie,
et l'artifice de l'unité indochinoise, tout en arrêtant l'essor
de la Cochinchine, n'avait fourni qu'une somme à peine suffisante pour boucler un budget en déficit. Il fallait donc établir de nouveaux impôts, chose délicate en pays de domination où le refus de paiement constitue un acte de rébellion,
exigeant une sévère répression ; où, par contre, les impôts
doivent être proportionnés à la capacité des contribuables
et ne pas blesser leurs mœurs et coutumes.

Trois impôts remplissent ces conditions : 1° la taxe per-
sonnelle ; 2° la taxe foncière ; 3° la taxe douanière.

La première ne pouvait être augmentée sans compromet-
tre la sécurité ; les habitants se seraient enfuis.

La seconde, déjà trop élevée, ne pouvait être régularisée,
faute de cadastre.

La troisième, la plus facile à percevoir puisqu'elle est payée
par le consommateur en même temps que le prix de la mar-
chandise, se trouvait interdite par l'application, en Indo-Chine,
du tarif des douanes protectionnistes de l'industrie métropo-
litaine.

Alors, l'administration eut recours aux droits de consommation ; tout y passa : l'opium, l'alcool, le sel, le pétrole, le
tabac, les noix d'arec, les allumettes, les cendres des pipes
d'opium, les bambous destinés à construire les cases des
pauvres gens, etc., etc.

Les Annamites n'apprécièrent pas les avantages de cette
importation de la civilisation européenne et se montrèrent
réfractaires. Depuis les frontières du Siam jusqu'à celles de
Chine, le territoire se couvrit d'une armée de petits fonction-

naires français, ne recevant qu'un salaire de famine, complété
par une participation aux amendes ; cela ne suffisant pas à
assurer les recouvrements, on rendit les villages pécunaire-
ment responsables des condamnations pour contrebande.

Sur le projet de budget de l'Indo-Chine pour l'exercice
1913, s'élevant en recettes à 35.000.000 de piastres, les con-
tributions indirectes ou droits de consommation atteignent
24.330.000 piastres, plus des deux tiers. La plupart de ces
taxes de consommation étaient inconnues des Annamites
avant notre arrivée. Singulier cadeau de bienvenue que nous
leur avons fait. On comprend que nos sujets ne se montrent
pas satisfaits.

Par une lettre en date du 10 mai 1881, M. le président
Grévy avait solennellement aboli la grande corvée. On n'en
tint pas compte, et l'administration la remplaça par la réquisition. 10.000 ouvriers furent ainsi envoyés sur les chantiers
de chemins de fer. Agents des douanes et de la régie, des
ponts et chaussées, magistrats, employés des postes-télé-
graphes, réquisitionnaient les paysans, les maires et même
les notables, selon leur fantaisie.

En ce qui touche l'instruction des indigènes, l'administration n'a à peu près rien fait ; c'est à peine s'il existe dans la
colonie quelques écoles franco-annamites et de caractère latin
entretenues ou subventionnées. Il est vrai que le gouvernement général vient de relever le salaire des instituteurs, qui
enseignent les caractères idéographiques !

Heureusement nos sujets, plus intelligents que leurs maîtres, ont compris que le seul moyen pour eux de se pénétrer
de la culture occidentale était de commencer par apprendre
le quoc-ngu ; cette écriture se vulgarise au Tonkin et pénètre
même en Annam. Avant vingt ans, l'Indo-Chine aura l'écriture de sa langue maternelle et se détachera de plus en plus
de la civilisation chinoise appelée elle-même à se transformer
rapidement.

*
* *

Madagascar n'eut pas à subir les mêmes épreuves que l'Algérie, le Soudan et l'Indo-Chine. Grâce à la méthode du
général Galliéni, devenue classique, la pacification se fit rapidement : au bout de trois ans, sauf dans quelques régions de
l'extrême Sud et du pays Sakalave, elle fut achevée ; le

régime administratif remplaça celui du commandement et les officiers, les bons ouvriers de la première heure, rejoignirent leurs régiments. S'inspirant des saines traditions de la politique coloniale française, le général s'attacha à traiter les indigènes avec humanité et avec une bienveillance qui n'excluait pas la fermeté quand les circonstances l'exigeaient. La distribution de la justice fut assurée d'une façon satisfaisante. De nombreux établissements hospitaliers furent ouverts, hôpitaux, ambulances, dispensaires. En 1910, il en existait 113, ayant traité 4.027 malades européens et 40.710 indigènes.

Trouvant un terrain admirablement préparé par les missions chrétiennes — catholiques, anglicanes, baptistes, luthériennes, norwégiennes, London missionnary society — pour recevoir la culture européenne, le général ouvrit de nombreuses écoles. En 1910, on comptait :

513 écoles laïques officielles avec..........	47.064 élèves
390 —	libres	30.950 —
266 —	maternelles libres	7.675 —
535 —	indigènes où les enfants apprennent le malgache et le français.	47.664 —

1.704 écoles.   133.953 élèves

En 1913, le nombre des écoles s'élèvera certainement à 2.000 et celui des élèves à 150.000. Si ces louables efforts continuent, avant vingt années, Madagascar sera un pays de langue et de culture françaises.

Quoique le sol, composé principalement de latérite, soit peu fertile (1), la situation économique est satisfaisante ; le mouvement commercial, importation et exportation, qui, sous le gouvernement malgache, n'atteignait pas 10 millions, dépasse 100 millions en 1912, avec une population de trois millions d'habitants, sur une superficie plus vaste que celle de la France. Se sentant protégés par l'administration et certains de conserver le produit de leur industrie, les indigènes

(1) L'Imerina qui occupe au centre une vaste surface, éminemment salubre est formée presqu'exclusivement par des terres rouges dans lesquelles la chaux, l'acide phosphorique sont très peu abondants ; l'azote ne s'y trouve lui-même qu'en très faible quantité. La nature physique de ces terres est également défavorable à la culture. (Etude sur la valeur régionale des terres de Madagascar par Muntz, de l'Institut, Directeur du Laboratoire de l'Institut Agronomique.)

travaillent avec courage et réalisent de beaux bénéfices. Nous sommes *rassasiés*, nous écrit l'un d'eux. C'est le plus bel éloge que l'on puisse faire de l'Administration française.

Les finances publiques ne sont pas moins prospères. C'est par un excédent de recettes de quatre millions et demi que s'est soldé le budget de 1910.

Tandis que l'exploitation de la plupart des chemins de fer coloniaux ne couvre pas ses frais, celle de la ligne Tamatave-Tananarive donne, par kilomètre, un bénéfice net de 2.239 francs 50.

Cette administration coloniale est digne de la France et conforme à ses traditions.

LES RESPONSABILITÉS

Si l'état d'âme des indigènes de l'Algérie, du Soudan et de l'Indo-Chine donne de sérieuses inquiétudes aux personnes qui se préoccupent de l'avenir de nos possessions d'outre-mer, cela tient principalement à ce qu'on y a maintenu trop longtemps le régime de commandement exercé par les bureaux arabes militaires ou civils et les administrateurs des affaires indigènes, au lieu de les doter d'institutions civiles après l'achèvement de la pacification. On a ainsi soumis les natifs à une sorte de servage militaire, assez doux dans la forme qui leur a fait perdre l'amour du travail et l'initiative individuelle. N'entretenant aucune relation avec les Européens, ils sont devenus leurs adversaires, d'autant plus que leurs intérêts sont souvent opposés et que nous n'avons rien fait pour les associer. Quand, par exception, l'administration comme à Madagascar, au Sénégal et un peu en Cochinchine, a suivi des méthodes faites de bienveillance et de justice, elle a obtenu d'admirables résultats.

Ce n'est pas aux officiers des bureaux arabes, ou aux officiers indigènes et à leurs successeurs civils, administrateurs des communes mixtes et résidents, qu'on doit s'en prendre de l'état d'anarchie morale qui compromet l'avenir de nos colonies de domination, et nous empêche d'en exploiter les richesses, d'en retirer la juste compensation des sacrifices qu'elles nous ont coûté. Appelés par les hasards de leur carrière à assurer la sécurité dans des contrées nouvellement conquises, nos officiers se sont consacrés à cette œuvre ingrate avec dévouement et courage, mais ils n'étaient pas préparés à mettre en valeur des contrées à demi-barbares ; il leur aurait fallu des connaissances étendues en politique, en administration, en finances, en travaux et en pédagogie, qu'ils ne possédaient pas.

C'était aux ministères responsables, Guerre et Intérieur pour l'Algérie, Marine et Colonies pour nos autres possessions d'outre-mer, qu'il appartenait de tracer des instructions à leurs agents, de doter les indigènes d'institutions appropriées à leurs mœurs et à leurs besoins, de préparer l'avenir en ouvrant largement des écoles ; de surveiller l'établissement et la perception des impôts. Les bureaux de la rue Saint-Dominique n'étaient pas préparés à remplir le rôle de législateur. Quarante ans après la prise d'Alger, c'étaient encore les généraux de division qui administraient le Sahel et les villes peuplées presque exclusivement d'Européens ; il existait bien des préfets, mais ces hauts fonctionnaires étaient placés directement sous les ordres du général. Ce fut seulement en 1870 qu'ils virent régler leur situation. (Art. 1 et 2 du décret du 31 mai).

1° Les Préfets exercent dans les départements la plénitude des pouvoirs administratifs.

Ils correspondent directement avec le Gouverneur général et ne relèvent d'aucune autre autorité ;

2° Les pouvoirs administratifs des généraux des provinces sont limités aux territoires militaires.

Les généraux exercent dans ces territoires les attributions dévolues à l'autorité préfectorale.

Inutile de dire que les services d'hygiène étaient fort négligés ; à Alger, qui comptait à cette époque 40.000 habitants et une banlieue très peuplée, où débarquaient et rembarquaient trop souvent les colons découragés, les malades européens n'avaient d'autres refuges que les écuries de l'ancien camp des chasseurs, abandonnées comme trop insalubres pour les chevaux. Ce fut seulement en 1878 qu'on commença la construction d'un hôpital décent avec le produit d'une souscription volontaire : trappistes : 50.000 fr. ; Chartreux : 50.000 ; duc d'Aumale : 10.000 ; maréchale de Mac-Mahon : 5.000 fr., etc., etc., au total une somme de 250.000 francs.

En 1871, le droit de représentation du Parlement fut accordé à la colonie. C'était une nécessité absolue ; l'Algérie n'est qu'une banlieue de la France et les deux pays doivent être intimement unis dans un intérêt commun. Refuser aux Algériens les droits intégraux de citoyen présenterait les plus graves dangers sur lesquels il paraît inutile d'insister. Mais, il était également indispensable de consulter les indigènes sur les nombreuses questions financières, fiscales et administratives qui les intéressent. On en chercha longtemps les moyens, et M. le Gouverneur général La Ferrière institua les délégations financières. Si les intentions étaient bonnes, leur pratique laisse à désirer. Dans une colonie à la fois de peuplement et de domination, le gouvernement doit soigneusement éviter de séparer les citoyens des sujets et s'attacher, au contraire, à la fusion des intérêts des deux races, librement discutés dans des assemblées mixtes, sous peine de préparer de graves complications.

A l'heure présente, la délégation indigène n'existe que de nom. C'est une réunion de complaisants soigneusement choisis par les préfets, obéissant au doigt et à l'œil. La lettre de M. le sous-préfet de Mostaganem, que nous avons citée plus haut, le prouve surabondamment.

*
* *

La fédération en un gouvernement général de nos établissements de l'Afrique occidentale : Sénégal, Soudan, Guinée, Côte-d'Ivoire et Dahomey, qui conservent leur budget spécial et leur organisation particulière, a donné des résultats satisfaisants. Des chemins de fer et un port ont été construits ; le pays est assaini et la colonie paraît entrée dans une voie de prospérité, si elle conserve sa liberté douanière. Malheureusement, par suite de fausses mesures administratives, une partie de nos possessions se trouve déjà islamisée. Il y a là un péril d'une extrême gravité pour l'avenir.

En quittant la France, au mois de mars 1886, Brazza, qui venait d'être nommé gouverneur du Congo, s'engagea à y fonder une colonie qui ne coûterait rien à la Métropole et lui procurerait d'énormes richesses. Notre célèbre explorateur n'avait pas compté sur l'intervention du ministère qui mit à la charge du nouvel établissement, en voie de formation, une partie des frais de l'expédition Marchand et de la conquête du Tchad. Depuis, le Congo n'a fait que végéter et se débattre au milieu de difficultés financières inextricables jusqu'à l'arrivée du Gouverneur général actuel qui s'est consacré avec passion à l'œuvre de relèvement.

Il aurait probablement réussi si les incidents d'Agadir n'avaient pas entravé ses projets. L'Allemagne n'a pas cru excessif, pour mettre fin au conflit marocain, de réclamer la cession d'une partie du territoire congolais ; et des considérations de politique générale ont forcé la France à accepter ce triste marché. Une grande puissance coloniale qui trafique de ses sujets perd son prestige, sa grande force dans les pays de domination.

*
* *

Dès que la Cochinchine fut pacifiée, en 1879, le ministre de la Marine, l'Amiral Jauréguiberry, décida de donner des institutions civiles à la colonie, et opéra tout d'abord la séparation des pouvoirs administratif, judiciaire, militaire et financier, base essentielle de toute administration régulière. Un conseil colonial fut créé, dans la composition duquel tous les intérêts locaux furent représentés : 6 membres français élus au suffrage universel, 6 membres annamites nommés au second degré par les notables, 2 membres de la Chambre de Commerce désignés par cette compagnie, 2 membres choisis par le Gouverneur dans le Conseil privé. Ainsi, dans toutes les questions intéressant la domination, la majorité appartenait aux membres français, 10 contre 6 ; dans les affaires financières, les indigènes moins divisés entre eux que leurs collègues français, faisaient souvent adopter leurs propositions. Cette assemblée, composée d'hommes intelligents, rendit de réels services à la Colonie ; elle empêcha fréquemment l'Administration d'engager des dépenses téméraires et la força à présenter des dossiers convenablement étudiés. On lui a reproché d'avoir fait des concessions de terre à quelques-uns de ses membres. Maigre cadeau ; dans la vallée du Mé Kong, les terres en friche sont de faible valeur et paient l'impôt dès qu'elles sont cultivées.

L'égalité devant l'impôt fut établie et les notables ne purent plus exercer leurs exactions sur les petits contribuables. M. le Président de la République supprima la grande corvée.

De nombreuses écoles de quo-ngu s'ouvrirent et facilitèrent l'étude du français. La richesse se développa sous toutes ses formes et il se constitua une classe de bourgeoisie de campagne qui nous assurait la fidélité de la population rurale.

La construction du chemin de fer de Saïgon au Delta du Mé-Kong (70 kil.), et l'organisation du régiment de tirailleurs permirent de renvoyer en France les garnisons de l'intérieur ; il en résulta une économie de 2 millions dans les dépenses militaires, dont profita la Métropole.

La création de conseils d'arrondissements élus par les notables fut de toutes les mesures adoptées, celle qui convint le plus aux indigènes ; ils purent ainsi régler entre eux beaucoup de questions communes aux villages de la circonscription ; de nombreux chemins vicinaux furent ouverts ; ils font l'admiration des étrangers et servent de modèle aux colonies voisines.

Conseil colonial, Conseils d'arrondissement, Conseils municipaux, en entière liberté et indépendance, discutaient leurs affaires.

Les petits fonctionnaires ne furent pas oubliés : le minimum le solde fut porté à 4.000 francs et un compte de prévoyance de 20 % des apointements leur constituait, à leur départ de la colonie, une réserve qui leur assurait l'aisance ; au lieu de loger à leurs frais dans des paillotes, la colonie mit à leur disposition dans les arrondissements des maisons confortables. Ces différentes mesures eurent pour conséquence une diminution sensible de la mortalité qui précédemment s'élevait à 11 % par an.

Déjà la Cochinchine avait remboursé à la Métropole les frais de premier établissement lorsque parut le décret substituant l'unité Indo-Chinoise à l'union Indo-Chinoise. Ce fut un désastre. Les principales ressources passèrent au budget général et les budgets locaux, Conseils d'arrondissements ou de villages, se réglèrent en déficit. D'où nécessité d'augmenter les impôts, en même temps que le gouvernement général établissait des taxes de consommation attribuées exclusivement au budget indochinois. Cette fiscalité excessive et brutale dans les formes, contraire aux déclarations du Gouvernement de la République et aux promesses du Président Grévy, fit perdre aux indigènes jusque-là satisfaits de leur sort, confiance dans la parole de la France. De ce jour date leur mécontentement, parfaitement justifié, du reste. La responsabilité de cet état de choses incombe au département des colonies, qui ne sait pas modérer le zèle de son délégué.

Au Tonkin, il n'existe pas d'institutions politiques. Sous la dénomination de Protectorat, on a maintenu les usages de l'ancienne administration annamite à laquelle la nécessité d'assurer la police et les services publics, nous a obligés à juxtaposer une administration française ; de sorte que les dépenses du personnel ont doublé.

Les pouvoirs administratif et judiciaire qui étaient séparés avant notre prise de possessions, ont été confondus. Qui plus est, l'administration peut déléguer ses attributions judiciaires à des mandarins, ce qui supprime sa responsabilité.

Le règlement des intérêts collectifs du premier degré, villes et villages, est assuré par des Conseils élus ; mais ceux des Provinces n'ont aucune représentation ; cependant ils sont des plus importants pour le développement de la prospérité, particulièrement pour la construction des chemins vicinaux.

Quant au budget général, dépassant 80 millions de francs, et à l'approbation des budgets régionaux s'élevant à 17 millions, ils sont votés par un Conseil supérieur composé en grande majorité de fonctionnaires qui délibèrent en présence et sous la surveillance du Gouverneur général, dispensateur de l'avancement et des faveurs. Les sessions annuelles se tiennent par roulement dans chacune des capitales des régions, Hanoï, Hué, Saïgon, Pnom-Penh. C'est dire que ses membres ne disposent pas des éléments nécessaires pour contrôler la gestion financière et étudier les devis des travaux publics. En effet, une administration ne peut déplacer ses dossiers pendant des semaines sans désorganiser les services.

Un seul acte organique trace les pouvoirs du Gouverneur général, le décret du 21 avril 1891, ainsi conçu :

« Art. 2. Le Gouverneur général organise les services de l'Indo-Chine et règle leurs attributions. »

Cette disposition n'était, et ne pouvait être dans l'esprit de son auteur, que provisoire ; c'était une sorte de blanc-seing donné au Gouverneur général pour lui permettre d'organiser l'administration de l'Indo-Chine qui, depuis la conquête du Tonkin en 1885, n'avait fonctionné qu'à titre précaire, à coups d'expédients, selon les besoins du jour.

Ce provisoire dure encore.

Que peut devenir un pays soumis pendant un quart de siècle à une réorganisation perpétuelle ? Comment les affaires publiques et privées qui ont besoin de stabilité, pourraient-elles prospérer ?

Fréquemment, avant de quitter la métropole, le nouveau Gouverneur, sous la pression et sur les conseils d'une camarilla des mécontents réfugiés à Paris en attendant la fin de leur disgrâce, commence par bouleverser l'œuvre de son prédécesseur. Généralement il réclame des *pouvoirs forts*.

Nous n'y contredisons pas ; il est nécessaire, dans l'intérêt de la domination, que son autorité ne soit pas contestée, à la condition toutefois qu'il ne sorte pas de ses attributions. « On gouverne de loin, on administre de près », a dit Napoléon Ier. Aux colonies, cet adage est rarement respecté. Trop souvent, des ministres inexpérimentés et hors d'état de donner des instructions de principe et des directions de doctrine à leurs subordonnés, laissent à ceux-ci une entière liberté politique et se contentent d'intervenir dans des détails d'administration qui, en réalité, ne les regardent pas, se réservent exclusivement les questions de personnel afin de donner satisfaction à leurs collègues du Parlement en nommant leurs parents et électeurs à des emplois avantageux.

Si le Gouverneur accepte cet empiètement sur ses attributions et renonce à défendre les droits de ses subordonnés, il devient un véritable proconsul, une sorte de conventionnel en mission, disposant des indigènes selon son bon plaisir. Entouré d'une petite cour de flatteurs à gages, il finit par perdre la mesure des choses, se croit tout permis, et se laisse entraîner aux pires abus. Alors le Gouvernement lui donne un successeur qui, placé au point de vue moral dans les mêmes conditions, commet les mêmes erreurs sous une autre forme. C'est un recommencement perpétuel.

Si, depuis trente ans, la politique inaugurée par l'amiral Jauréguiberry avait suivi son cours normal, la destinée de l'Indochine eut été bien différente. La colonie serait en pleine prospérité ; nos sujets confiants dans le gouvernement de la

République, comprenant qu'ils n'auraient qu'à perdre au changement de régime, seraient les meilleurs défenseurs de l'ordre de choses établi. Puisque d'eux-mêmes, sur une simple invitation, ils ont adopté l'écriture en caractères latins de leur langue maternelle, nul doute qu'ils se fussent empressés d'apprendre le français pour se pénétrer de la culture intellectuelle de l'Occident dont ils sont avides. Comme en Cochinchine, les annamites de l'Annam-Tonkin se seraient transformés de collectivistes en individualistes, sans heurt, ni révolution.

Quel rôle brillant eut joué la France dans l'évolution que traverse la Chine ; nous aurions été ses conseillers et ses éducateurs, remplissant la mission historique qui nous appartient d'initiateurs du progrès et de l'affranchissement des peuples. Notre influence morale et scientifique se serait étendue sur le Quang-Si, le Quang-Tâng, le Yu-Nam et peut-être le Set-Chouen.

Par inexpérience et manque de suite dans les idées, nous avons commis de lourdes fautes dans nos possessions de domination ; mais elles ne sont pas irréparables, si, nous inspirant des traditions séculaires de notre race, nous savons traiter nos sujets avec humanité et bienveillance, les associant à nos entreprises, les faisant profiter de notre civilisation, leur donnant l'instruction et la liberté, au lieu de les considérer comme des ilotes.

RÉFORMES NÉCESSAIRES

Un peuple, une collectivité, une association quelconque, ne peut prospérer et même subsister sans une constitution qui règle les rapports des hommes entre eux, détermine les droits et les devoirs de chacun, citoyen ou simple sujet.

Il est donc indispensable de donner à chacune de nos cinq colonies de domination une charte spéciale.

Ces chartes aussi libérales que le permettent l'état de la civilisation de nos sujets et les exigences de la colonisation, devront être l'objet d'un règlement d'administration publique. A cet effet, une section spéciale sera adjointe au Conseil d'Etat, et les Gouverneurs généraux présents en France en feront partie au titre de Conseillers en service extraordinaire.

Chaque colonie jouira de son autonomie financière et de sa liberté économique. En compensation, elle devra, dans un délai de dix ans, supporter tous les frais de souveraineté civile et militaire, à l'exception de ceux des points d'appui de la flotte.

L'égalité devant l'impôt sans distinction de race, la séparation des pouvoirs administratif et judiciaire, la liberté de religion et d'instruction seront assurées.

La grande corvée et le droit de réquisition, sauf le cas de péril public, seront abolis.

Conseils électifs. — Il sera constitué dans chacune des circonscriptions de la colonie — colonie, département, province ou arrondissement, commune — un conseil qui devra voter le budget et être consulté sur les affaires de la région. Les différents intérêts devront y être représentés dans la proportion de leur importance. Si, exceptionnellement, les fonctionnaires en font partie, leur nombre ne devra pas dépasser le tiers des membres.

Instruction primaire. — Dans chaque département de l'Algérie, et dans chacune des circonscriptions qui en tiennent lieu dans les autres colonies, il sera créé une école normale Franco-Indigène. Dans chaque commune, agglomération ou groupement de mille habitants, il sera ouvert une école franco-indigène, autant que possible professionnelle.

Fonctionnaires Français. — Les fonctionnaires de chaque colonie formeront un cadre spécial, sauf exceptions fixées par décret pour certains chefs de services et spécialistes.

Tous devront justifier, à leur entrée, de la connaissance de la langue de leurs futurs administrés, du titre de licencié en droit ou du diplôme de sortie d'une des grandes écoles de la Métropole ; être âgés de 23 à 27 ans et avoir accompli *effectivement* leur service militaire. Ils feront leur temps de réserve dans les garnisons de la Colonie, et, s'ils sont pourvus d'un grade, dans les troupes indigènes.

Leur solde de début sera suffisante pour assurer aux agents une existence honorable. Chaque avancement de classe ou de grade ne pourra être inférieur au cinquième de cette solde.

Fonctionnaires indigènes. — Les agents inférieurs des différents services locaux, employés de bureaux, comptables, agents des télégraphes, des travaux publics, instituteurs, etc., etc., seront recrutés parmi les indigènes qui recevront une rémunération convenable. Ceux qui auraient obtenu des diplômes français seront provisoirement admis dans les services publics, au titre français ; après deux ans d'observation, ils pourront être titularisés et naturalisés ; leur solde ne sera pas bonifiée du supplément colonial puisqu'ils habiteront leur propre pays.

Nous avons la conviction, basée sur une longue pratique de l'administration coloniale, que, si ces dispositions étaient appliquées dans nos colonies de domination, le danger qui les menace ne tarderait pas à être conjuré. Les indigènes associés aux Français, certains de ne plus être exploités, se rallieraient franchement à notre autorité, et nous trouverions en eux de précieux collaborateurs. Le programme militaire du général Pennequin deviendrait alors d'une réalisation facile.

Mais si nous persévérons dans la voie périlleuse où nous nous sommes engagés, nous subirons totalement le même sort que l'Angleterre aux Etats-Unis en 1776 ; que l'Espagne dans les deux Amériques en 1810, aux Philippines et à Cuba en 1895.

Les mêmes causes produiront les mêmes effets.

LE MYRE DE VILERS.

IMPRIMERIE
BERGER CHAUSSE ET Cᵉ
20, RUE GEOFFROY-L'ASNIER
PARIS (IVᵉ)

La
Nouvelle Revue

POLITIQUE, LITTÉRAIRE ET ARTISTIQUE

Directeurs : P.-B. GHEUSI et P. CLOAREC

Rédacteur en Chef : Henri AUSTRUY

Fondatrice : *Madame Juliette ADAM*

Depuis le 1er Octobre 1879

PARAIT LE 1er ET LE 15 DE CHAQUE MOIS

PRIX DE L'ABONNEMENT :

	12 MOIS	6 MOIS	3 MOIS
Paris, départements et Alsace-Lorraine . .	45 fr.	24 fr.	12 fr.
Etranger	55 »	30 »	16 »

Prix du numéro : 2 fr. 50

Les Abonnements partent du 1er et du 15 de chaque mois

PARIS — 80, Rue Taitbout, 80 — Téléphone : 104-91

Imprimerie Berger, Chausse et Cie, 20, rue Geoffroy-l'Asnier, Paris (4e).

www.ingramcontent.com/pod-product-compliance
Lightning Source LLC
Chambersburg PA
CBHW061718060726
47597CB00006B/2450